MÉMOIRE.

MÉMOIRE

CONCERNANT

DIVERS FAITS PEU CONNUS,

QUI ONT PRÉCÉDÉ ET SUIVI LA JOURNÉE DU 12 MARS 1814, ÉPOQUE DE L'ENTRÉE DE MONSEIGNEUR LE DUC D'ANGOULÊME A BORDEAUX.

PAR M. MAILHOS FILS, AVOCAT.

A PARIS.

IMPRIMERIE DE FIRMIN DIDOT,

IMPRIMEUR DU ROI, RUE JACOB, N° 24.

MDCCCXXVII.

MÉMOIRE

Concernant divers faits peu connus, qui ont précédé et suivi la journée du 12 *mars* 1814.

QUOIQUE les services que mon père a rendus à la légitimité, surtout aux premiers moments de la restauration, aient été entièrement omis dans les divers Mémoires qui ont paru depuis dix ans, j'ai long-temps hésité à leur donner de la publicité, cédant en cela à sa modeste répugnance, qui ne lui permettait point de faire parler de lui, et de se présenter ainsi, en quelque sorte, comme candidat aux honneurs et aux récompenses. Dévoué sans calcul et sans réserve à l'antique monarchie des Bourbons, il ne s'est jamais occupé des avantages que pourrait lui procurer l'accomplissement des dangereux devoirs qu'il s'était imposés pour la servir. Dans sa volontaire obscurité il ne voit, avec raison, rien au-dessus de l'intérêt que veut bien lui accorder l'auguste pacificateur de l'Espagne (témoin en 1814 de son utile dévouement) et des souvenirs bienveillants dont le Roi et la famille royale daignent quelquefois l'honorer.

Mais telle a été la conséquence de cette abnégation de lui-même, que la trace de ses services, qu'on ne trouve consignés nulle part, s'est perdue peu à peu, jusqu'au point de laisser douter qu'ils aient jamais existé. Ceci est rigoureusement vrai : car il a été obligé, il y a plus d'un an, de fournir une note pour cet objet à un ministre du Roi, dans le département duquel cependant devaient se trouver plusieurs documents renfermant tous les détails demandés.

Aujourd'hui même qu'il ne peut s'empêcher de reconnaître combien cet état de choses est nuisible à ses enfants, qui n'ont à espérer d'autre héritage que les souvenirs honorables de sa conduite, je fais pour ainsi dire violence à sa modestie, en mettant au jour des faits qui le recommandent aux bontés du Roi et à la considération publique.

Je me hâte, au surplus, d'entrer en matière, persuadé que mes lecteurs ne me sauraient aucun gré de détailler plus longuement les motifs qui m'ont déterminé à prendre la plume.

Je promets la plus stricte vérité ; je tiendrai

parole par conscience, et aussi par intérêt pour mon père, que je craindrais, si je m'écartais du vrai, d'exposer à la déconsidération du grand nombre de témoins qui l'ont vu agir, et qui en conséquence ont pu apprécier par eux-mêmes les services qu'il a rendus.

La vie politique de M. Mailhos-Miras a commencé, si j'ose le dire, avec les malheurs des Bourbons. Il fut incarcéré à Auch, département du Gers, quelque temps avant le supplice du roi martyr, et il échappa comme par miracle à l'échafaud dans le cours de la sanglante année 1793. Après avoir recouvré la liberté, il ne chercha point à se mettre à l'abri des dangers qui le menaçaient en sa qualité d'ennemi de la révolution. Au contraire, fort de son amour pour le Roi, il ne cessa de travailler l'esprit des campagnes de son département et d'entretenir des relations avec les royalistes influents des départements voisins.

L'association connue sous le nom d'Institut philantropique, dont l'organisation autorisée par le Roi remonte à peu près à 1796, le trouva au milieu de ces travaux ; il se fit recevoir des premiers parmi ses membres, et bientôt après il augmenta les forces de l'association d'un grand nombre d'affiliés tous comme lui ardents et dévoués royalistes ; il rendit en outre un grand nombre de services assez importants pour l'exposer à perdre la vie s'ils eussent été connus des révolutionnaires ; mais ils n'eurent point alors le résultat désiré, et je me dispenserai par ce motif d'en donner ici les détails. Je me bornerai seulement à parler du mouvement insurrectionnel qui se manifesta au mois d'août 1799 dans le département de la Haute-Garonne. Les royalistes du Gers, voulant participer à ce mouvement, reconnurent d'une voix unanime, en qualité de commissaire du Roi, mon père, qui les avait en grande partie affiliés à l'Institut philantropique. Ce poste ne lui fut point disputé ; personne n'enviait alors l'honneur de l'occuper au prix de sa tête et de sa fortune. La petite armée royaliste, sous les ordres de ses chefs, s'empara de deux ou trois villages et chercha à opérer sa jonction avec les insurgés de la Haute-Garonne. Malheureusement la défaite de ces derniers à quelques lieues de Toulouse arrêta les progrès de l'insurrection et fit abandonner pour le moment tout plan d'attaque ou de défense.

Mon père, que le rôle qu'il venait de jouer exposait à mille dangers, se jeta sur les frontières d'Espagne, d'où il partit au mois de décembre de la même année 1799, afin d'aller joindre M. le comte de Floirac, l'un des directeurs de l'association. Et pour échapper aux poursuites de la police, il prit alors le nom de Miras, sous lequel il correspondit depuis avec un grand nombre de royalistes, ce qui en 1814 le détermina, pour être reconnu d'eux, à l'ajouter à son véritable nom.

Mon père trouva M. de Floirac à Lyon, et fit avec lui le voyage d'Ausbourg pour y rendre compte à l'agence royale de l'esprit public de son département, ainsi que des derniers événements qui s'étaient passés aux environs de Toulouse. L'agence royale confirma M. Mailhos-Miras dans le titre de commissaire du Roi, en lui donnant en même temps les ordres et les instructions nécessaires relativement à un mouvement général qui devait être tenté prochainement en France.

Des circonstances imprévues empêchèrent ce mouvement d'avoir lieu : les destinées de notre funeste révolution n'étaient point encore accomplies ; nous devions subir plusieurs années de gloire sous les bannières du despotisme et traverser des désastres inouïs pour arriver aux bienfaits de la légitimité.

Qu'on ne pense pas que l'insurrection de la Haute-Garonne et du Gers fut une entreprise folle et téméraire, comme plusieurs personnes l'ont fait entendre assez légèrement. Il serait facile au contraire, en remontant à l'époque où elle éclata, de faire voir combien les chances de succès étaient séduisantes : la révolution, accablée de ses propres excès, se faisait en quelque sorte peur à elle-même ; tous les esprits penchaient visiblement vers un autre ordre de choses; l'armée républicaine, en Italie, reculait devant Suwarow, Buonaparte avait échoué devant Saint-Jean-d'Acre, et les généraux les plus habiles étaient en disgrace; enfin, le faible directoire, fidèle à sa politique tortueuse, avait publié l'horrible loi des otages, tandis qu'un peu plus tard il sembla vouloir faire un pas vers l'antique monarchie, ainsi que cela résulte de certaines négociations secrètes concernant les intérêts des Bourbons, tentées par Barras dans les derniers temps qui précédèrent la journée du 18 brumaire.

La chute du directoire, survenue dans ces entrefaites, explique pourquoi ces négociations n'eurent aucune suite.

Que l'on rapproche maintenant ce concours de circonstances de la tentative du mois d'août 1799, et que l'on dise s'il est juste de se récrier contre le choix du moment et contre l'imprévoyance de ceux qui agirent. Il faut cependant l'avouer, soit d'une part un peu de précipitation, soit peut-être de l'autre extrême timidité ou excès de prudence, les royalistes manquèrent d'ensemble; on laissa échapper l'occasion favorable, elle ne se représenta plus. L'attitude imposante du gouvernement consulaire, successeur du directoire, et la fameuse victoire de Marengo, vinrent déconcerter tous les projets des amis du Roi : l'agence royale elle-même, cédant au malheur des temps, donna l'ordre de cesser les opérations de l'Institut philantropique.

Avant d'aller plus loin je voudrais, s'il était possible, donner une idée juste de cette association. Il ne serait pas raisonnable de croire, quoiqu'en disent quelques brochures, à l'existence d'armées occultes entretenues sur le pied de guerre, capables d'ouvrir et de tenir des campagnes, et surtout assez fortes, quoique ignorées, pour se battre en bataille rangée. Tout cela a pu être rêvé de bonne foi dans l'ombre du cabinet; mais, disons-le franchement, ce n'est point par son attitude militaire que l'association se recommandait à la haine révolutionnaire : il n'y eut d'hostilités à force ouverte qu'un très-petit nombre de coups de main, tentés du reste par des affiliés d'autant plus braves qu'ils n'étaient armés pour la plupart que de piques et de fusils de chasse.

C'est à la seule Vendée qu'appartient tout entière la gloire d'avoir combattu avec des armées belligérantes les forces de l'anarchie et d'avoir plus d'une fois changé en terreurs les féroces joies des bourreaux de Louis XVI.

La mission qu'avait à remplir l'association philantropique était d'une nature bien plutôt civile que militaire : car elle avait principalement pour but de rallier les esprits aux doctrines monarchiques, de paralyser par tous les moyens d'influence possibles les opérations du gouvernement révolutionnaire, et surtout de réconcilier les royalistes qui s'étaient montrés dissidents lors des premières assemblées nationales : on sait que les uns avaient adopté les idées constitutionnelles, et que les autres étaient restés invariablement attachés aux ruines de l'ancien régime. Enfin, tous les efforts de la société tendaient non à susciter des armées belligérantes, mais à produire un mouvement populaire assez général pour amener l'ordre de choses que désiraient si vivement les royalistes.

L'idée heureuse émanée de la sagesse de Louis XVIII, de réunir en quelque sorte dans un même plan tous les sentiments monarchiques, pour les opposer aux entreprises de la révolution, porta des fruits abondants long-temps après la dissolution de la société philantropique. Ses anciens membres, répandus en grand nombre sur les divers points de la France et accoutumés à parler un langage commun, exercèrent par l'uniformité de leurs doctrines une influence incontestable sur les opinions du temps. Tout le monde applaudissait à leurs justes clameurs, lorsque, d'accord avec l'humanité et la saine raison, ils s'élevaient courageusement et selon les époques, contre la violation de nos libertés, contre le meurtre du duc d'Enghien, contre les folies du système continental, contre les dangers d'une guerre perpétuelle qui épuisait le sang français, et enfin contre cette inique invasion de l'Espagne, si fertile en malheurs de toute espèce.

Personne en France n'osait au contraire préconiser les désordres de l'anarchie ni le gouvernement d'un soldat qui venait d'assassiner dans l'ombre un prince français, qui dévorait froidement les familles, et qui dévastait l'Europe uniquement pour satisfaire sa cupidité. Toutes ces choses parlaient assez haut par elles-mêmes pour réduire au silence les partisans de la république vendus au despotisme, et il suffisait de les présenter au bon sens du peuple pour le dégoûter des gouvernements de fait.

Aussi est-il certain, selon moi, que les anciens membres de la société, en mettant en jeu de pareils ressorts, rendirent des services incalculables à la légitimité. Je n'hésite pas à dire (et cette opinion est généralement répandue) que les royalistes de l'intérieur de la France contribuèrent efficacement à produire la force d'inertie qui se fit remarquer dans les derniers temps de l'empire et qui prépara si visiblement le bienfait de la restauration. Toutes les espérances qui restaient au despotisme vinrent se briser contre cette force. En vain parlait-on sans cesse du besoin de rendre la guerre nationale ; en vain les instruments du pouvoir s'agitaient-ils dans tous les sens pour atteindre ce but : tous les efforts furent impuissants. La France resta immobile en présence de l'Europe armée, annonçant ainsi hautement qu'elle séparait sa cause de celle de son chef, et qu'elle était enfin rassasiée de conquêtes. Cette conduite d'une nation brave et fière, disposée à recevoir la paix de ceux qu'elle était accoutumée à vaincre, épouvanta Buonaparte et lui arracha des plaintes amères : « L'ennemi, « s'écriait-il, menace nos frontières du nord et « de l'est ; au midi, Wellington est entré en France : « quelle honte ! et l'on ne s'est point levé en masse « pour le chasser...... Je ne puis compter que « sur les habitants de l'ancienne France...... il « faut de l'élan, il faut que tout le monde « marche. » Inutiles paroles ! l'ancienne France n'écouta point ses cris de détresse ; elle fut sauvée, et le soldat heureux tomba dans l'abîme. Qu'y avait-il de commun entre ses destinées et celles de la France ? La force l'avait élevé, la force prit soin de l'abattre. Seul au milieu de nous, sa chute ne compromit point notre existence. Au contraire, une ère nouvelle commença pour la France sous l'égide de nos Bourbons. La légitimité, appuyée sur nos libertés et appelée par nos vœux, vit triompher ses droits depuis long-temps méconnus; l'Europe se plut à les proclamer, et le trône des lys s'éleva avec éclat sur les ruines du fastueux empire.

Cette imposante force d'inertie par laquelle un peuple privé de ses libertés peut briser des sceptres de fer, renferme, ce semble, des leçons graves et profondes, dignes des méditations de tous les hommes d'état. Mais je me hâte d'abandonner de telles réflexions, qui s'éloignent de mon sujet. Je reviens à mon père.

Il s'était rendu en Espagne, conformément aux ordres de l'agence royale d'Ausbourg, pour rallier sur les frontières de France les émigrés répandus dans la Péninsule, lesquels devaient coopérer au mouvement général qui avait été projeté pour l'été de 1800. Mon père remplissait avec zèle et activité cette mission importante, lorsqu'il reçut à la fois la nouvelle de la victoire de Marengo et l'ordre de la part du Roi de cesser toutes ses opérations. Déçu par ce contre-temps de l'espoir de voir triompher du moins pour le moment la cause des Bourbons, M. Mailhos-Miras crut devoir repasser la frontière pour profiter d'une amnistie prononcée en faveur des royalistes insurgés. Après avoir pourvu à sa sûreté en France, son premier soin fut de rétablir les relations qu'il avait eues précédemment avec divers départements du midi, se mettant ainsi à portée de prévenir le découragement de ceux que les événements avaient pu intimider, et de maintenir autant qu'il était en lui l'unité d'opinion et de sentiments, sans laquelle on ne saurait concevoir ni la force ni l'existence même des partis. De semblables relations s'établirent de proche en proche dans tous les départements où il existait des membres de la société qui venait de se dissoudre, et l'accord qui en résulta n'a pas été, je l'ai déja dit, sans utilité pour la cause royale.

Toutefois, nos succès récents et la position politique de l'Europe imposaient une extrême réserve aux amis du Roi. Leur zèle ne recevait plus de direction de la part de nos princes; la surveillance de la police rendait tous les jours plus difficiles les correspondances secrètes, et les affiliés les plus influents, plutôt tolérés par l'autorité que réellement amnistiés, ne pouvaient rien entreprendre de hardi sans s'exposer à d'inutiles dangers, et sans encourir même la censure du Roi, pour avoir désobéi à ses ordres. Toutes ces choses frappaient de langueur la cause royale et ôtaient à l'opposition royaliste jusqu'à l'apparence d'un parti.

L'évidente impossibilité de continuer désormais une lutte devenue aussi inégale détermina mon père, dès 1801, à attendre, pour agir, des chances plus favorables, bien éloigné du reste de prévoir quelle serait la part qu'il aurait un jour dans les événements de la restauration. A dater de cette époque, commence, quant à son existence politique, une lacune de plusieurs années, pendant laquelle il ne fut en son pouvoir que de faire des vœux pour la dynastie légitime. Je franchirai cette lacune, sans essayer d'y faire entrer, comme services rendus, les nombreuses démarches qu'il a faites dans l'intérêt du parti et les sacrifices qui en ont été la suite. Je reprendrai seulement mon récit à l'année 1811, qui eut une influence particulière sur sa conduite ultérieure, par les motifs dont je vais parler.

Mon père, qui à cette époque était à Castres, département du Tarn, fut appelé en Italie par des affaires personnelles. Il traversa, pour s'y rendre, une partie du midi de la France, dont il étudia avec soin l'esprit public; ce qui lui était d'autant plus facile qu'il voyageait à très-petites journées, et que les signes de reconnaissance qu'avait adoptés l'ancienne société philantropique lui offraient les moyens de communiquer à la fois avec des personnes sûres et parfaitement au fait des localités et des affaires du temps. A son retour d'Italie, il passa à Paris et revint dans le midi par la route d'Orléans; en sorte qu'il eut occasion, dans le cours de ce voyage, qui dura plusieurs mois, de s'instruire avec détail de ce qui se passait dans presque toute la France sous le rapport des opinions politiques. Les renseignements qu'il recueillit furent pour lui du plus grand intérêt; il trouva partout, au lieu de l'enthousiasme des premières victoires, une insouciance systématique, et même un dégoût marqué pour le régime des baïonnettes. On n'entendait plus d'autres louanges de Buonaparte, dans la capitale et dans les provinces, que celles que lui prodiguaient quelques voix salariées. Tout le reste, blessé dans ses intérêts ou dans ses opinions, gardait un profond silence, à l'exception des royalistes les plus zélés, qui osaient signaler les iniquités du despotisme, quoique en présence de huit prisons d'état. Le mécontentement général amenait naturellement à comparer l'existence convulsive de l'empire à la douceur des règnes précédents; et souvent l'éloge de nos rois s'échappait des bouches le moins accoutumées à tenir un pareil langage.

D'après cette disposition des esprits, observée

sur tant de points différents, mon père acquit l'intime conviction que les Bourbons seraient reçus en France à bras ouverts, si des circonstances imprévues favorisaient jamais leur retour. Plein de cette idée consolante, il se retira à Montauban, département de Tarn-et-Garonne, d'où il partit vers le commencement de 1812 pour aller occuper une place d'économe au collége de. Mont-de-Marsan, département des Landes. Cette année 1812 fut remarquable par le désastre de Moscou, par la conspiration de Mallet, et par les nombreuses défaites de l'armée d'Espagne. Le colosse qui effrayait l'Europe menaçait ruine de toutes parts. Enfin arrive l'année 1813, toute grosse des orages politiques qui allaient éclater. Buonaparte, déshérité de vingt années de prospérité, est refoulé sur le Rhin par plus de trois cent mille hommes; l'armée d'Æspagne, battue dans toutes ses positions, se retire précipitamment sur Bayonne, et dès le mois de novembre Wellington franchit les Pyrénées.

Pendant l'automne de la même année, plusieurs officiers anglais, faits prisonniers, passèrent à Mont-de-Marsan. M. Mailhos-Miras, dans une entrevue qu'il eut avec eux, leur demanda si un prince français n'était pas dans leur armée, comme le bruit en avait couru. Ils répondirent négativement. Il les interrogea sur les vues de l'Angleterre relativement à la famille royale de France : ils dirent que rien ne paraissait arrêté à cet égard ; que les forces britanniques agissaient dans l'intérêt général de l'Europe et non dans un intérêt privé ; mais que cependant, si les Bourbons étaient appelés en France par le vœu national, ils ne doutaient pas que le cabinet anglais ne fût disposé à favoriser leur retour et à l'appuyer de son influence auprès des autres puissances belligérantes.

Ces explications ouvrirent en quelque sorte une nouvelle carrière au dévouement de M. Mailhos-Miras. Ainsi que je viens de le dire, il avait déja remarqué, lors de son dernier voyage, la tendance des opinions vers un meilleur ordre de choses ; cette tendance augmentait visiblement avec le danger : le vœu national, il en avait la certitude, n'attendait que la présence d'un Bourbon pour se prononcer en faveur de la cause royale. L'occasion était favorable, il fallait se hâter d'en profiter : il n'y avait pas un instant à perdre pour appeler un prince français au milieu de nous. Mais aucune réussite n'était possible sans la coopération et l'appui des Anglais. Il était donc indispensable de pénétrer jusqu'à Wellington, de lui peindre la situation intérieure de la France, et de le faire entrer dans les intérêts de l'auguste famille exilée. Quelque dangereuse et difficile que parût une telle mission, mon père ne la crut pas au-dessus de son zèle; il se promit de la remplir malgré tous les obstacles : lui seul en avait eu la pensée, lui seul voulut en courir les risques. Après avoir pris cette résolution, sa première démarche fut de se rendre à Bordeaux, pour s'assurer par lui-même de l'esprit public de cette ville, dont l'exemple ne pouvait qu'exercer une grande influence sur les autres villes du midi. Un Bordelais, habitant de Mont-de-Marsan, et membre autrefois de la société philantropique, M. de Pleuc, royaliste pur et ardent, l'adressa à des personnes dévouées, par le moyen desquelles il obtint les plus amples informations. Il sut bientôt que la population bordelaise et celle des campagnes voisines ne soupiraient généralement que pour le retour du Roi légitime; que plus de douze mille hommes étaient organisés et prêts à se montrer ouvertement à la première lueur d'espérance, et enfin qu'il se formait dans presque toute la France, et à l'instar de l'ancien Institut philantropique, une vaste conspiration, où figuraient des noms aussi remarquables que chers à la légitimité, tels que les la Trémouille, les Duras, les Polignac, les Montmorency, les Larochejaquelein, les Larochefoucault (Sosthène), et beaucoup d'autres qui commandaient également la confiance des royalistes. Ces précieux détails, si parfaitement concordants avec ceux qu'il avait précédemment recueillis, le confirmèrent plus que jamais dans sa résolution. Il revint au collége de Mont-de-Marsan à la fin d'octobre, n'attendant plus que le moment opportun pour l'accomplissement de ses desseins. J'occupais moi-même alors une place de professeur de mathématiques dans ce collége, et je puis dire avec vérité que j'ai été témoin de la plupart des faits que je raconte.

Cependant les événements marchaient lentement du côté des Pyrénées; le débordement des rivières, produit par des pluies continuelles, arrêtait à chaque instant la marche des armées : Wellington employa tout le mois de novembre à pénétrer en France et à s'établir définitivement en de-çà des frontières. Pendant ce mois d'attente, le hasard amena à Mont-de-Marsan M. Louis de Mauléon, ancien émigré, qui allait se réunir à l'état-major du recrutement, alors en résidence à Bordeaux. Il vit en passant mon père, qu'il connaissait depuis très-long-temps, et il ne lui cacha pas son constant attachement à l'ancienne dynastie. M. de Mauléon est un de ces militaires pleins d'honneur et de franchise, toujours disposés à donner des preuves de leur zèle pour la cause royale. Mon père ne balança pas à lui faire part du projet qu'il avait conçu, et à le prier même de le communiquer en temps utile à M. le comte de Lynch et à plusieurs autres personnes marquantes, qu'il se proposait de voir à Bordeaux. Il lui dit en même temps (et cela était vrai) que les royalistes de cette ville étaient divisés en deux partis qui marquaient presque de l'éloignement l'un pour l'autre, par la crainte où ils étaient réciproquement d'avoir affaire à de faux frères. M. de Mauléon comprit l'importance d'opérer entre eux un rapprochement; il se chargea de les réconcilier et il y réussit. Il fit connaître aussi très à propos la démarche qui allait avoir lieu auprès de Wellington, et il servit ainsi de nouveau point de communication entre le royaliste qui faisait cette démarche et les royalistes bordelais.

Le moment d'agir plus efficacement arriva enfin avec les premiers jours de décembre. L'armée anglo-espagnole, dont St-Jean-de-Luz était devenu le quartier-général, poursuivait avec constance son mouvement d'agression, luttant péniblement contre les pluies et contre une armée qui disputait bravement le terrain. Les progrès qu'elle avait faits ne permirent pas à mon père de rester plus long-temps dans l'inaction. Il part de Mont-de-Marsan, à pied, sans nulle autre ressource que son courage et son amour pour le Roi; il se rend à Bayonne, y passe vingt-quatre heures, et se dirige ensuite sur le Gave, qu'il traverse, après mille détours, en face du petit village de Hastingues et sous le fusil des sentinelles françaises. Il échappe au danger comme par miracle, parvient aux avant-postes anglais, se fait conduire au quartier-général, où il demande et obtient sur-le-champ une audience de Lord Wellington, dans laquelle il explique l'objet de sa démarche, en s'appuyant des renseignements qu'il s'était procurés à Bordeaux et sur les divers points de la France. Il dit au général que la nation entière, humiliée de son esclavage, attendait comme un gage de bonheur et de paix le retour de la dynastie légitime; que cependant elle ne pouvait se défendre des plus vives alarmes sur les intentions des puissances alliées, qui ne manifestaient par aucun acte la volonté de seconder ses vœux : que d'un autre côté, les partisans du despotisme ne cessaient d'appeler le peuple aux armes, pour s'opposer à l'envahissement du territoire, qui, selon eux, devait être le partage des vainqueurs. Il insista principalement sur le danger qu'il y aurait pour les puissances, et en particulier pour l'armée des Pyrénées, à pousser au désespoir une nation toute guerrière, et forte, malgré ses pertes, d'une population nombreuse. Il ajouta que, pour rassurer les esprits et pénétrer en France avec sécurité, une garantie paraissait absolument indispensable, et que cette garantie était tout entière dans la présence des Bourbons aux armées alliées. Il demanda, comme une conséquence de ce qu'il avançait, qu'un prince français fût appelé dans le midi, offrant de répondre sur sa tête des résultats fâcheux que pourrait avoir son arrivée, impatiemment attendue.

Lord Wellington, appréciant la franchise de ce langage et l'importance des motifs qui l'avaient dicté, reçut mon père avec distinction (1), et lui donna une preuve flatteuse de la confiance qu'il lui avait inspirée, en lui laissant voir sans déguisement ses sentiments personnels en faveur de la famille royale. Il fit la réponse suivante : « D'après le bon esprit du pays que j'occupe, je « ne doute nullement de la vérité de votre rap- « port : mais le succès de la demande que vous « faites, succès que d'ailleurs je verrai avec grand « plaisir, dépend uniquement de Louis XVIII et « de mon gouvernement; pour ma part, je dois « me borner à adresser au ministère anglais des « notes conformes aux renseignements que vous

(1) Cet accueil bienveillant, accompagné des marques d'estime les plus honorables, donna une nouvelle impulsion au zèle de M. Mailhos-Miras, qui ne craignit plus dès-lors de se livrer à toutes les inspirations de son dévouement au Roi.

« me communiquez, et à ce que j'ai moi-même « observé. »

M. Mailhos-Miras, averti par cette réponse de la marche qu'il avait à suivre, proposa d'envoyer directement une dépêche au Roi, à Hartwel, pour supplier sa majesté d'accéder aux vœux dont il était l'organe. Sa proposition ayant été acceptée sans difficulté, il s'empressa de rédiger un Mémoire, en forme de lettre, dans le sens du rapport qu'il venait de faire et des renseignements qu'il s'était procurés. Aussitôt qu'il l'eut terminé, il le mit sous les yeux de Lord Wellington, qui de son côté lui communiqua les notes qu'il adressait à son gouvernement, et dont le contenu était parfaitement en harmonie avec les faits exposés dans le Mémoire. Le général anglais lui conseilla ensuite d'aller lui-même remettre sa dépêche au Roi. Mon père crut devoir s'en excuser sur ce que sa présence dans le midi était indispensable, afin d'entretenir les relations qu'il y avait avec les royalistes. Mettant ainsi à part tout intérêt privé, il désigna, pour remplir ce message, M. le duc de Guiche, qu'il savait être au nombre des officiers de l'armée. Ce jeune seigneur, que distinguaient à la fois sa brillante valeur et son dévouement à la famille royale, saisit avec empressement l'occasion qui lui était offerte de la servir. Après avoir pris connaissance du Mémoire de M. Mailhos-Miras, il partit incessamment sur un vaisseau anglais qui fut mis à sa disposition.

Les esprits, à Hartwel, étaient dans la plus grande indécision; la légitimité y subissait un indigne repos, tandis que le grand œuvre de l'équilibre de l'Europe menaçait de se consommer sans sa participation : le Roi et la famille royale n'osaient et ne pouvaient s'arrêter définitivement à aucun parti. Ce n'est pas que des rapports circonstanciés sur le bon esprit de Bordeaux et des autres villes du midi n'eussent été faits par de fidèles Bordelais, parmi lesquels je dois nommer M. Rollac père. Mais on était disposé à les croire exagérés, et le gouvernement anglais, quoique bien à tort, n'y ajoutait que peu de confiance. Le Mémoire de mon père arrive, et triomphe comme par enchantement de toutes les incertitudes. Un homme qui a pénétré jusqu'au camp de Wellington, disait-on de toutes parts, vient d'adresser au Roi l'expression de l'amour et de la fidélité de ses sujets du midi; il demande qu'un prince français leur soit délégué pour les rallier au nom de sa majesté. Son langage paraît celui de la vérité et d'une profonde conviction. Cet homme a parcouru la France et connaît les sentiments qui animent Bordeaux. Il donne les renseignements les plus positifs et les plus satisfaisants. Le général anglais, dont il a gagné la confiance, appuie ses rapports par des notes spéciales adressées à son gouvernement.... Il n'en faut point douter, la France veut, la France chérit ses Bourbons!... Ces détails, avidement accueillis, remplissent tous les cœurs d'espérance et de joie.... Bientôt un cri unanime se fait entendre! Partons, partons pour la France; allons arborer la bannière des lis!

Toutefois le cabinet de St-James résistait, malgré l'évidence des faits, au noble élan de Hartwel. Il affectait de craindre une catastrophe semblable à celle de Quiberon, qui à une autre époque rendit sa politique odieuse. A cette raison, qui n'était que spécieuse, s'en joignait une seconde bien autrement puissante; elle était dans les engagements pris avec les cabinets du nord, de combattre Napoléon pour le forcer à la paix, sans intervenir en rien dans les affaires intérieures de la France. C'eût été une infidélité politique trop manifeste de soutenir au midi les droits de Louis XVIII, tandis qu'au nord on ne cessait de négocier avec l'usurpation. Cet état de choses plaça les royalistes dans une position très-délicate, que je me contente d'indiquer pour le moment.

M. le comte, aujourd'hui duc de Blacas d'Aulps, répondit à mon père, de la part du Roi, en l'informant de l'obstacle que mettait le ministère anglais au départ des princes, obstacle qui au surplus fut vaincu deux jours après le départ de sa lettre. Je vais transcrire ici cette lettre, qui fera connaître mieux que je n'ai pu le faire de quelle manière on envisageait à Hartwel la démarche du royaliste auquel elle était adressée.

« Le Roi me charge, monsieur, de répondre « à la lettre que vous avez adressée à Sa Majesté, « et de vous témoigner la vive satisfaction que « lui ont fait éprouver les sentiments de fidélité « dont vous venez de lui donner une preuve si « convaincante, ainsi que ceux dont vous vous « rendez le garant au nom d'une partie consi- « dérable de ses sujets. Mon auguste maître n'a « jamais douté que tôt ou tard les Français, « saisissant l'occasion de secouer un joug ac- « cablant, ne se jetassent dans les bras d'un père, « dont l'autorité tutélaire peut seule leur offrir « un refuge contre les fléaux de la tyrannie. Nulle « circonstance plus favorable ne peut se ren- « contrer que celle dont vous et vos amis désirez « profiter aujourd'hui ; et, *d'après la proposition* « *que vous faites*, Monseigneur le duc d'Angou- « lême et Monseigneur le duc de Berri se pré- « paraient à partir, impatients de se réunir à « des Français pour combattre l'usurpateur de « la France. Le Roi ne demandait qu'un bâti-

« ment pour porter les princes sur la côte; mais « un obstacle inattendu s'opposa à l'accomplis- « sement de ce dessein; le gouvernement bri- « tannique refuse même des passe-ports, jusqu'à « ce qu'il ait acquis la preuve des dispositions « dont vous avez rendu compte à Lord Wellington. « Il ne veut laisser aller un prince à l'armée que « lorsqu'un parti déclaré, agissant en faveur du « Roi, autorisera une démarche que les plus « pressantes sollicitations ne peuvent maintenant « faire adopter aux ministres. C'est donc à vous, « monsieur, c'est à votre zèle et à celui de vos « courageux compatriotes de vaincre cette dif- « ficulté, et d'ouvrir aux petits-fils de Henri IV la « carrière dans laquelle ils brûlent d'entrer. Que « le berceau de leur illustre aïeul, servant de « point de ralliement aux fidèles Béarnais, leur « exemple soit bientôt suivi par les provinces « voisines, et qu'un glorieux effort atteste enfin « le vœu de la France à l'Angleterre et à l'Eu- « rope. »

« C'est avec un profond regret que le Roi, que « son frère, que ses neveux, se voient ainsi ar- « rêtés dans l'exécution d'un *projet auquel ils « attachaient leurs plus chères espérances.* Mais « votre dévouement, les bonnes dispositions des « Français, et l'agression formidable qui menace « de toutes parts l'usurpateur, ne leur permettent

« pas de douter qu'avant peu le drapeau blanc, « arboré dans le midi de la France, ne mette un « terme à l'incertitude du cabinet britannique. »

« Le Roi désire, monsieur, que vous donniez « des témoignages de sa satisfaction à MM. de « Mauléon et de Cardeillac, et généralement à « tous ceux de ses fidèles sujets qui vous ont « secondé. Le général Willot, dont vous pa- « raissez désirer l'assistance, est encore en Amé- « rique. »

« Recevez, etc. »

Hartwel, le 7 janvier 1814.

On voit par cette lettre que le berceau de Henri IV est indiqué comme point de ralliement aux amis du Roi. Mon père, dans son Mémoire, avait en effet proposé de commencer la restauration dans la ville de Pau, en considération du bon esprit qui animait les Béarnais, et des souvenirs tout Français qui se rattachaient à la capitale du Béarn. La force des circonstances en décida autrement. Il avait aussi porté à la connaissance de Louis XVIII le dévouement d'un grand nombre de royalistes, et notamment de M. Lambert de Mauléon, frère de celui qui, en novembre 1813, était passé au Mont-de-Marsan. C'est à lui que s'applique le dernier paragraphe de la lettre. Quant à M. de Cardeillac, je ne pense pas qu'il puisse y avoir équivoque. La famille de Mauléon prend son origine dans les premiers temps de la monarchie. Elle est aimée et respectée de toute la Gascogne, où elle a toujours donné l'exemple de la conduite la plus honorable et d'un dévouement sans bornes à la légitimité. M. Lambert de Mauléon, par son zèle infatigable et à la faveur d'un nom aussi généralement considéré, n'a cessé, pendant la révolution, de faire des prosélytes à la cause royale. Il se battait pour cette cause lors de l'insurrection de 1799, tandis que ses frères, sur la terre étrangère, payaient aussi leur tribut de fidélité au Roi. En 1814, il se hâta de parcourir le département du Gers, ainsi que les départements voisins, et d'y annoncer, d'après les avis qu'il en recevait de mon père, les événements qui allaient prochainement avoir lieu. Au mois de mars de la même année, il préparait les esprits, dans la ville d'Agen, à recevoir Monseigneur le duc d'Angoulême, dont la présence remplissait déja Bordeaux d'allégresse. Il fit évidemment en cette occasion le sacrifice de ses intérêts personnels, qui l'appelaient auprès du prince, pour assister à la glorieuse journée du 12 mars.

Mon père, après le départ de M. le duc de Guiche pour Hartwel, avait repassé les lignes militaires, et s'était rendu secrètement à Pau, d'où il entretenait à la fois des correspondances suivies avec l'armée anglo-espagnole et avec Bordeaux, Toulouse et les principales villes du midi. Tout le pays compris entre les deux mers fut instruit en peu de temps, au moyen de ces correspondances, des démarches qui venaient d'être faites, du résultat qu'elles devaient avoir, et des dispositions de Wellington à soutenir le vœu national, dans le cas où il se manifesterait en faveur des Bourbons. Le parti royaliste, animé par l'espoir de voir bientôt à sa tête un prince de la famille royale, prit une consistance qu'il n'avait point eue jusqu'alors, et redoubla d'activité pour préparer et assurer le triomphe de la légitimité.

Déja M. le marquis de Larochejaquelein se disposait à partir de Bordeaux, où il était caché, dans l'intention d'aller soulever la Vendée, qui n'attendait que son signal, et de marcher ensuite sur Paris, en s'appuyant d'une partie des forces de la confédération dont j'ai précédemment parlé, lesquelles devaient se réunir à lui et seconder son mouvement. Mon père, de son côté, faisait tous ses efforts pour organiser le Béarn et toute la lisière des Pyrénées, autant que pouvaient le permettre la présence des troupes françaises et la surveillance dont il était devenu l'objet. Il fut secondé dans ses opérations par un grand nombre de royalistes, tous parfaitement disposés à se montrer quand le moment en serait venu. Il eut surtout à s'applaudir du zèle d'un ancien ami, M. Figarol, premier président de la Cour royale de Pau, et alors président de chambre en la même Cour. Ce fidèle serviteur, qui autrefois avait exposé sa vie pour le service de la bonne cause, n'hésita pas à faire tourner au profit des Bourbons l'influence qu'il exerçait dans le pays comme magistrat. Personne mieux que lui n'a su concilier, au milieu du choc des passions, les sévères devoirs de la magistrature avec un entier dévouement à la dynastie légitime.

Le Languedoc et la Provence promettaient, aussi bien que les royalistes de l'ouest et du sud, une coopération active dans la lutte qui était sur le point de s'engager. Toulouse, Montauban, Nîmes, Montpellier, Marseille, pouvaient être considérées comme autant de foyers d'opposition au régime impérial.

Les choses en étaient à ce point de maturité, lorsque M. Mailhos-Miras, vers le 30 janvier, se dirigea du côté de la petite ville de Mauléon, pour pénétrer au camp de Wellington, dans la prévoyance que la réponse du Roi à son Mémoire devait y être parvenue. Il employa plus de huit jours en marches et contre-marches, sans pouvoir trouver une issue. Le hasard vint enfin à son secours : après une affaire d'avant-postes, il fut enveloppé par un parti anglais, qui le mit hors de tout danger.

J'ai déja dit que dans les deux jours qui suivirent la date de la lettre qu'on a lue, les difficultés dont elle faisait mention avaient été aplanies. Le cabinet de St-James consentit en effet à fermer les yeux sur le départ des princes (1), ses relations politiques ne lui permettant pas de l'autoriser ouvertement. Cette tolérance fut due, on le sait aujourd'hui, au vif intérêt que la maison de Bourbon inspirait à S. A. R. le prince régent.

Monseigneur le duc de Berri s'embarqua pour la Normandie, S. A. R. Monsieur pour la Hollande, d'où il se dirigea vers le quartier-général de l'armée du nord. Monseigneur le duc d'Angoulême avait fait voile, depuis deux jours, pour les côtes d'Espagne; il aborda, le 1er février, à St-Sébastien, port le plus voisin du théâtre de la guerre, et il prit de là, après un court séjour, le chemin de St-Jean-de-Luz, où ce prince arriva le 4 du même mois. S. A. R. était accompagnée, entre autres serviteurs dévoués, de M. le comte Étienne, de-

(1) Ils partirent incognito, avec des passe-ports sous des noms supposés.

puis duc de Damas, dont le nom rappelle tout ce que la fidélité a de plus noble et de plus touchant. Ce noble seigneur a subi le malheur des temps au service de nos princes légitimes. Les revers de la fortune le trouvèrent toujours si courageux et si résigné, qu'ils n'eurent pas même le pouvoir d'altérer l'affabilité de son caractère. S'il est vrai que les grandes circonstances fassent connaître les hommes, il a droit, plus que personne, de s'applaudir d'avoir été mis à leur épreuve. Sa conduite en 1814 est au-dessus de tout éloge ; rien n'égale la tendre sollicitude avec laquelle il s'occupa des intérêts de son Roi, à une époque où la conflagration de l'Europe permettait à peine d'entrevoir l'heureux avenir de la monarchie.

C'est aux avant-postes de l'armée alliée que mon père apprit l'importante nouvelle de l'arrivée de Monseigneur le duc d'Angoulême. Combien alors il fut dédommagé de ses pénibles travaux !... Il se rendit en toute hâte au quartier-général, et bientôt il se trouva en présence du petit-fils d'Henri IV. Quels délicieux moments pour lui !... des larmes de joie, des mots entrecoupés, je ne sais quel délire, furent l'unique expression de son bonheur. Le prince en fut touché, et dans un de ces mouvements de bonté si naturels aux Bourbons, S. A. R. voulut bien lui faire voir le portrait de S. A. R. Madame, son auguste épouse. A la vue de ces traits de la fille de Louis XVI, qui rappelaient tant d'infortunes et de si grandes vertus, un recueillement religieux succéda aux premiers transports. Ce portrait était à lui seul l'éloquente histoire de nos désastres. Ah ! si pour vous consoler de vingt années d'exil, prince magnanime, mon père eût pu d'avance lire dans l'avenir, avec quel enthousiasme il eût prédit alors la renaissance des lis et les brillantes destinées qui vous attendaient! Avec quelle ivresse il se fût attaché à chacune de vos traces sur cette héroïque terre d'Espagne où vous deviez délivrer un roi de ses chaînes! Comme il eût peint l'Ibérie en feu subjuguée par l'ascendant de vos vertus, et les partis faisant trève à leur haine, étonnés de n'avoir plus qu'une voix pour bénir votre nom!... Mais je n'irai pas plus loin; averti par cette modestie qui vous est naturelle et qui décore si bien les héros, je me résignerai au silence, j'interromprai des louanges inutiles, persuadé que mes faibles paroles ne sauraient rien ajouter à la gloire de vos actions.

La providence elle-même semblait avoir pris soin de conduire le prince dans sa patrie au moment où s'ouvrait ce congrès de Châtillon, dont les conférences causèrent de si vives inquiétudes à la France royaliste. Les intérêts les plus divers y furent agités pour concilier la paix de l'Europe avec l'existence de l'empereur en détresse. La seule légitimité, ce principe vivifiant des sociétés civilisées, paraissait oubliée, ou n'entrait sérieusement dans les vues d'aucune des puissances coalisées. La Russie, la Prusse et l'Autriche n'osaient s'arrêter à la pensée de renverser la couronne de fer qui avait failli les écraser; la dernière surtout, partagée entre le besoin de combattre pour son indépendance et les sollicitudes que réclamait l'étrange alliance qu'elle avait formée ou plutôt subie dans ses revers, n'était point encore résignée à coopérer à ce grand acte de justice politique. Quarante jours de négociations laissèrent à Buonaparte l'option de la paix ou de la guerre, et apprirent à ce hardi soldat combien était profonde la terreur qu'il avait inspirée à ses ennemis. C'est ainsi que s'expliquent ces pacifiques résolutions qui empêchaient les hautes puissances d'accorder leur appui aux amis de la vieille monarchie au détriment du régime impérial. La seule Angleterre, il est vrai, plus éclairée que ses alliés sur la position intérieure de la France, penchait visiblement en faveur des Bourbons; mais enchaînée alors par son adhésion à la politique suivie dans le nord, elle crut devoir y conformer sa conduite en donnant à Wellington des instructions telles que ce général, malgré les dispositions bienveillantes qu'il avait personnellement manifestées à mon père, se vit forcé de supplier Monseigneur le duc d'Angoulême de ne déployer provisoirement aucun caractère public. On disait aux royalistes : « Prenez garde, ne vous montrez pas trop ouvertement; les négociations de Châtillon peuvent amener un traité de paix qui nous obligera de vous abandonner. » On paralysait ainsi le zèle des partisans de la légitimité, tandis que, d'un autre côté, on exigeait que le vœu national se prononçât avec énergie avant de prendre une détermination en faveur de Louis XVIII : on voulait, en d'autres termes, accorder des secours lorsqu'ils ne seraient plus nécessaires.

Un tel état de choses plaçait le parti du Roi entre les vengeances d'un tyran irrité et la honte d'une invasion qui, en principe, n'avait nullement pour objet la restauration du trône des lis. Cette position critique entourait peut-être de quelque intérêt le petit nombre d'hommes qui préparaient à cette époque le retour du monarque exilé. Mon père, qui en connaissait parfaitement tous les dangers, redoubla d'activité pour précipiter la marche des événements, et arracher, en quelque sorte, la maison de Bourbon à l'irrésolution des souverains confédérés.

Mais la présence du prince, bien autrement puissante que ses efforts, triompha merveilleusement de tous les obstacles.

A peine S. A. R. était entrée à St-Jean-de-Luz qu'un royaliste zélé, M. St-Jean, maire de cette ville et riche négociant, expédia à ses frais un bâtiment de commerce pour apporter l'heureuse nouvelle de son arrivée aux Bordelais, déja prévenus par les correspondances de mon père, de la démarche qui avait eu lieu afin d'obtenir ce grand résultat.

Elle fut accueillie par eux avec un enthousiasme que partagea bientôt le reste du midi de la France. Les hommes les plus timides comme les plus ardents ne doutèrent plus du succès de la bonne cause dès qu'ils se crurent appelés à la défendre sous les auspices même d'un Bourbon. On ne se bornait plus à faire des vœux, on s'apprêtait sérieusement à combattre. Il semblait que les royalistes n'attendaient que cette nouvelle pour arrêter le plan d'après lequel ils devaient agir; et à l'ensemble qui présida à leurs opérations, il fut aisé de reconnaître la secrète influence qu'exerçait déja sur eux le voisinage du prince. L'intérêt personnel, les petites rivalités, les préoccupations de l'amour-propre, disparurent tout à coup devant le grand intérêt de la légitimité ; *Vive le Roi!* était le mot magique qui répondait à toutes les exigences.

M. de Larochejaquelein, d'héroïque mémoire, se trouvant encore à cette époque à Bordeaux, résolut aussitôt d'aller par mer à St-Jean-de-Luz, dans l'intention d'y prendre les ordres de Monseigneur le duc d'Angoulême, projet qu'il exécuta bientôt après avec une admirable intrépidité, malgré les proscriptions et les sévères recherches dont il était l'objet. Il fit approuver sa résolution par les chefs bordelais, et il la communiqua ensuite à M. le comte de Lynch, alors maire de Bordeaux. Ce dernier, dans l'élan d'un cœur tout plein d'amour pour la famille royale, l'embrassa avec effusion, en lui disant : « Mon ami, vous n'avez pas de partisan plus dévoué que je ne le suis. C'est moi, c'est le maire de Bordeaux qui aspire à l'honneur de proclamer le premier Louis XVIII. » Cette conférence fut suivie d'une nouvelle réunion de chefs bordelais, qui décida, de concert avec M. le comte de Lynch, qu'on enverrait des députés au prince, ayant pour mission expresse de demander à lord Wellington deux ou trois mille hommes de troupes anglaises, à l'aide desquelles Bordeaux opérerait son soulèvement, qui devait être le signal de l'insurrection des départements voisins. L'assemblée délégua naturellement pour remplir cette mission M. de Larochejaquelein, qui le premier en avait donné l'idée ; et elle lui adjoignit M. François Queyriaux, dont le dévouement était depuis long-temps éprouvé. Dès que ces dispositions furent arrêtées, M. de Larochejaquelein n'eut plus qu'à songer aux moyens d'effectuer promptement son départ. Un vaisseau destiné pour St-Jean-de-Luz mit incessamment à la voile; il en profita ainsi que M. Queyriaux, en s'y glissant à la dérobée par l'un des bords, tandis que les gardes chargés d'en faire la visite sortaient par le bord opposé. Ce n'était pas assez du danger qu'il courut en ce moment, la mer lui en réservait de nouveaux. Il essuya à peu de distance de la côte une violente tempête, qui menaça plusieurs fois d'engloutir tout l'équipage. Après une lutte aussi pénible que dangereuse, le vaisseau parvint enfin à se mettre en sûreté au Port-du-Passage.

Échappé miraculeusement aux persécutions de Buonaparte et à la fureur des flots, M. de Larochejaquelein se rendit immédiatement à St-Jean-de-Luz, où il arriva vingt-quatre heures après le départ de mon père, qui avait été rejoindre les avant-postes de l'armée. Il confirma tous les rapports que ce dernier avait déja faits, par les nouveaux renseignements qu'il transmit au prince sur les forces du parti royaliste et sur le dévouement de Bordeaux. S. A. R. apprit avec la plus vive satisfaction les nobles sentiments dont M. le comte de Lynch était animé, ainsi que la résolution du comité royal bordelais de commencer enfin l'œuvre de la restauration. Le jour suivant, M. de Boisset et le chevalier Okelli, députés par les royalistes de Toulouse et de tout le Languedoc, pénétrèrent également à St-Jean-de-Luz. Ils apportèrent au prince, de la part de leurs commettants, les mêmes expressions de fidélité et d'amour pour le Roi qu'avaient fait entendre le jour précédent les députés de la Guyenne.

Monseigneur le duc d'Angoulême ne doutant plus dès-lors de l'existence d'un parti considérable en faveur de la cause royale dans le midi de la France, autorisa M. de Larochejaquelein à se rendre auprès de lord Wellington, dont le quartier-général était depuis peu à Garris, et à solliciter de lui les secours nécessaires pour favoriser la tentative projetée par les royalistes de Bordeaux. Ce général, tout en comblant d'égards le noble et généreux Vendéen, ne crut pas devoir se prêter à ses vues, motivant son refus sur les négociations qui avaient lieu à Châtillon avec Buonaparte, et feignant de croire aussi à la faiblesse du parti monarchique, opinion d'ailleurs singulièrement accréditée en Europe par les journaux impériaux. Il se borna à annoncer à M. de Larochejaquelein qu'il allait se porter en avant, sans toutefois lui laisser pénétrer ses intentions ultérieures relativement aux royalistes de Bordeaux. Il ne tarda pas en effet à donner les ordres nécessaires pour opérer un mouvement offensif sur toute la ligne, et il est juste de dire qu'il surmonta avec autant d'habileté que de bonheur les nombreux obstacles que lui opposaient le passage des rivières et la force des positions occupées par l'armée française. Le maréchal Soult, obligé d'abandonner le terrain de toutes parts par suite des opérations de son adversaire, se détermina à concentrer ses forces sur Orthez, dans l'intention d'y recevoir la bataille et de tenter par un grand effort d'arrêter les progrès de l'invasion. Le maréchal fit à la hâte, les 25 et 26 février, ses dispositions de défense, et dès le 27 il fut attaqué, comme il s'y attendait, dans la nouvelle position qu'il avait choisie.

La bataille d'Orthez, après plusieurs heures d'une action très-vive, et pendant laquelle les succès furent long-temps balancés, se termina enfin à l'avantage de l'armée alliée. Cette victoire ouvrit au lord Wellington la route de Bordeaux, et eut en outre pour résultat l'invasion du Béarn et la continuation de la retraite du maréchal Soult par les deux rives de l'Adour. Le général anglais transporta incessamment son quartier-général à St-Sever, et Monseigneur le duc d'Angoulême s'y rendit peu de temps après.

Le gros de l'armée alliée s'attacha aux traces du maréchal Soult dans la direction de Tarbes, tandis que le maréchal Béresford, avec la brigade portugaise du colonel Vivian et une division légère, s'assura de la route de Bordeaux, et occupa, le 2 mars, la ville de Mont-de-Marsan, chef-lieu du département des Landes. Dès le jour suivant, mon père, que j'attendais impatiemment, vint me trouver au collége de cette ville, où il m'avait laissé lors de son départ pour St-Jean-de-Luz. Il dîna ce jour-là avec nous, je veux dire avec M. le Principal et les professeurs. Nous étions à peine à table qu'un homme, qui ne voulut point d'abord se nommer, se présenta au collége, demandant à parler à M. Mailhos fils. J'allais me lever pour le recevoir, lorsqu'il entra lui-même au réfectoire, et s'annonça comme appartenant à la suite du prince. Mon père, qui le reconnut aussitôt pour l'avoir vu plusieurs fois aux avant-postes de l'armée anglaise, et qui, la veille, lui avait donné mon adresse, s'empressa de le présenter comme un royaliste que Monseigneur le duc d'Angoulême honorait d'une bienveillance toute particulière. M. l'abbé Batbie, alors Principal du collége, l'accueillit avec les plus grands égards et lui offrit une place à notre table, ce que l'étranger accepta d'autant plus volontiers qu'il venait dans l'intention de demander l'hospitalité, n'ayant pu trouver asile dans aucune auberge. La politique était à l'ordre du jour ; chacun s'entretenait des événements qui avaient lieu et de la nécessité de rappeler les Bourbons, pour rendre la paix à l'Europe et réparer les malheurs de la France. Le noble inconnu, charmé de se trouver parmi des royalistes, n'hésita plus à décliner son nom : c'était M. le marquis de Larochejaquelein ! C'était cet intrépide Vendéen qui, au mépris de tous les dangers, se rendit à St-Jean-de-Luz pour offrir son épée à Monseigneur le duc d'Angoulême, et mettre aux pieds de S. A. R. le dévouement des Bordelais. Ce nom, qu'ont illustré tant d'héroïsme et de si douloureux sacrifices, fut accueilli par un mouvement de surprise et d'admiration. Tous les regards se tournèrent vers le généreux gentilhomme qui devait, à une autre époque, augmenter d'une victime de plus la touchante histoire de la Vendée.... M. le marquis de Larochejaquelein voulut bien nous faire connaître les circonstances qui l'avaient amené au milieu des Landes. C'est de sa bouche que j'ai appris les détails relatifs à son départ de Bordeaux et à sa conduite politique dans l'intérieur de la France. Il me semble encore l'entendre ! Comme il aimait le roi ! Comme il aimait la famille royale ! Avec quel feu il parlait de les défendre et de mourir pour eux ! L'âme de Bayard respirait tout entière dans ses discours. Il avait de lui le courage, le désintéressement, les sentiments religieux. Le preux chevalier n'eut pas conçu autrement que lui ses devoirs envers nos Bourbons. Non, jamais un plus noble cœur ne fut enflammé pour une plus belle cause !

M. le marquis de Larochejaquelein coucha au collége, et alla joindre, dès le lendemain dans la matinée, lord Wellington, qui, je crois, était au-delà de l'Adour. M. Mailhos-Miras se rendit à son tour à St-Sever, auprès du prince qui, témoin de son zèle, voulut bien lui en exprimer sa reconnaissance dans les termes les plus honorables, en présence, entre autres personnes, de M. le duc de Damas. S. A. R. porta même la bonté jusqu'à lui dire qu'elle n'oublierait jamais les services qu'il avait rendus au Roi. Ce généreux prince a tenu parole; car l'intérêt qu'il daigne accorder à mon père est aujourd'hui la plus douce récompense de son dévouement.

Deux jours après, un nouveau député de Bordeaux, M. Bontemps Dubarry, passa également au Mont-de-Marsan. Les correspondants de mon père lui ayant appris que j'étais dans cette dernière ville, il crut devoir s'adresser à moi pour avoir des nouvelles de Monseigneur le duc d'Angoulême.

Il venait supplier ce prince de se rendre aux vœux des Bordelais, qui l'attendaient avec impatience, et réitérer auprès de Wellington la demande déja faite si instamment par M. de Larochejaquelein, de diriger quelques troupes sur Bordeaux, pour y protéger le mouvement royaliste qui avait été projeté. Certes, si les partisans de la cause royale voulaient donner au petit-fils de Henri IV une idée de leur enthousiasme pour les Bourbons par celui de leur député, ils ne pouvaient choisir personne qui répondît mieux à leurs vues que M. Bontemps Dubarry. Il y avait dans son royalisme (et c'est une grande qualité dans les moments décisifs) je ne sais quelle énergie, je ne sais quelle force électrique, qui ne permettaient pas de douter des succès qu'il faisait espérer. Je me fis un devoir de lui apprendre où était le prince, et de lui communiquer tous les renseignements que j'avais recueillis.

Le premier projet de commencer la restauration à Pau venait d'être définitivement abandonné; la plupart des autorités locales, soit indécision ou dévouement à Buonaparte, ne s'étaient pas montrées assez disposées à seconder le vœu des Béarnais, dont les sentiments royalistes n'étaient point équivoques. D'un autre côté, Bordeaux, entièrement à découvert, appelait le prince à grands cris, et demandait à se déclarer ouvertement. Entre ces deux villes, le choix ne pouvait être douteux; aussi toutes les espérances s'étaient tournées vers Bordeaux, lorsque M. Bontemps Dubarry arriva à St-Sever. Le moment était extrêmement opportun; il en profita. Toutefois, nonobstant les nouvelles assurances qu'il apportait des bonnes dispositions de ses concitoyens et de la facilité d'opérer un soulèvement à l'approche des troupes anglaises, Wellington, retenu comme malgré lui par les négociations de Châtillon, balançait encore sur le parti qu'il devait prendre. Le prince, qui ne faisait, en quelque sorte, qu'entrevoir la France royaliste, semblait partager l'irrésolution de ce général. M. de Larochejacquelein prit alors la parole. Il représenta combien il était urgent de s'emparer de Bordeaux, afin de ne point décourager les partisans du Roi par une plus longue inaction; et après avoir fait sentir les grands avantages militaires que devait procurer l'occupation de cette ville, il répondit sur sa tête des heureux effets qu'elle aurait dans l'intérêt de la cause royale. Vous êtes donc bien sûr de votre fait? lui dit le prince.—Oui, Monseigneur, autant qu'on peut l'être d'une chose humaine. —Eh bien! j'ai confiance en vous, reprit S. A. R.: partez. Dès-lors Wellington n'hésita pas davantage. Il donne aussitôt l'autorisation au maréchal

Béresford de se porter sur Bordeaux avec le corps d'armée sous son commandement. De son côté, M. de Larochejaquelein reçut du prince les instructions nécessaires et se rendit en toute hâte dans cette ville. Le 10 mars, jour de son arrivée, ce gentilhomme réunit les chefs bordelais, pour leur annoncer que, sous quarante-huit heures, les troupes anglaises se présenteraient aux portes de la ville; qu'un fils de France, Monseigneur le duc d'Angoulême, délégué par Louis XVIII, les suivrait de près; que le moment de se montrer était enfin venu, s'ils voulaient jouir de sa présence si ardemment désirée. L'assemblée, inébranlable dans son dévouement, décida qu'on se déclarerait irrévocablement le 12 mars.

Dès le 11, les autorités civiles et militaires avaient quitté la ville ou cessé leurs fonctions; la justice n'y avait plus d'organes, les établissements d'instruction publique étaient abandonnés; tous les liens sociaux semblaient être rompus. On eût dit, à entendre les agents du pouvoir, que la civilisation devait fuir à l'approche des Anglais, comme autrefois elle se retira devant la barbarie des Turcs. Cependant la population n'était pas entièrement livrée à elle-même; un magistrat, digne héritier des vertus de ses ancêtres, et fidèle aux traditions de dévouement qu'il en avait reçues, le maire de Bordeaux, non moins aimé pour la douceur de son administration que respecté pour la noblesse de son caractère, M. le comte de Lynch veillait avec un infatigable zèle au maintien de l'ordre, tandis que, secondé des chefs royalistes, il préparait les événements de cette mémorable journée du 12 mars, qui devait commencer le dénouement du grand drame de l'usurpation.

Monseigneur le duc d'Angoulême sachant que Bordeaux se disposait à proclamer Louis XVIII, quitta bientôt St-Sever pour se rapprocher de cette ville. S. A. R. vint coucher le 10 mars à Roquefort, et le 11 à Bazas, villes qui se déclarèrent immédiatement pour la légitimité et donnèrent les premières le signal de la restauration en arborant le drapeau sans tache. Mon père, pendant ces deux journées, avait précédé le prince de quelques heures, afin de l'annoncer sur la route qu'il devait parcourir.

On vit le noble fils de St-Louis (chose bien digne du cœur d'un Bourbon) exhorter avec une tendre sollicitude les royalistes qui l'entouraient à ne point se compromettre par de trop grandes démonstrations, comme si le triomphe de sa cause lui eût paru trop cher au prix de la sûreté d'un seul citoyen. Mais plus il faisait éclater de sentiments généreux, plus il attirait à lui tous les cœurs. Combien Buonaparte était loin d'imiter cette noble conduite, lorsque, à la même époque, il excitait les paysans du nord à prendre sa défense, s'inquiétant fort peu d'appeler contre eux de funestes représailles !

Enfin l'aurore du 12 mars si impatiemment attendue brille aux yeux des royalistes Bordelais ! Encore quelques heures, et la scène la plus animée, la plus imposante, va fixer sur les Bourbons l'attention de l'Europe entière. Les amis du Roi, de concert avec M. le comte de Lynch, hâtent leurs préparatifs pour recevoir les Anglais, qui s'annonçaient comme des libérateurs, et qui avaient d'autant plus de droits à notre confiance, qu'ils ramenaient au milieu de nous, en signe de paix et de réconciliation, l'auguste époux de la fille de Louis XVI.

Pendant que chacun redoublait de zèle, le maréchal Béresford, à la tête de huit cents hommes, se présente devant Bordeaux, faisant annoncer qu'il considérait cette ville comme fidèle à son souverain légitime, et qu'il était venu dans l'intention de l'occuper amicalement. Aussitôt le maire de Bordeaux, accompagné de ses adjoints, du conseil municipal et d'une immense population, marche à la rencontre de l'avant-garde anglaise, qui s'était arrêtée à l'entrée de l'un des faubourgs. Là, dans un discours plein de dignité, le maire donna au maréchal Béresfort l'assurance formelle qu'il allait entrer dans une ville alliée et soumise à Louis XVIII; et pour ajouter à la solennité de ses paroles, il se décore au même instant de la cocarde royale et de l'écharpe blanche, en faisant entendre le cri de *vive le Roi!* A ce signal convenu d'avance, la population entière répète avec transport les cris de *vive le Roi! vivent les Bourbons!* La bannière des lis flotte sur Bordeaux, et toute la ville arbore la cocarde blanche. L'allégresse qui éclate de toutes parts ne permet plus au général anglais de révoquer en doute les nobles sentiments qui animent les Bordelais.

Cependant le peuple ne goûtait qu'imparfaitement le bonheur de sa délivrance; ses regards, tournés du côté de Bayonne, cherchaient avec inquiétude le petit-fils de Henri IV, si souvent promis à son impatience. Tout à coup M. le duc de Guiche se présente et annonce l'arrivée de Monseigneur le duc d'Angoulême. Cette nouvelle électrise tous les cœurs; plus de craintes, plus de défiances, plus d'hésitations: le plus vif enthousiasme se communique de la ville aux campagnes, et les cieux ne retentissent plus que des cris universels et non interrompus de *vive le Roi! vive le duc d'Angoulême! vivent les Bourbons!* Une immense population, ayant à sa tête M. le maire de Bordeaux et le conseil municipal, se porte avec précipitation sur la route de Bayonne. La vue du prince et le touchant accueil que reçut de lui M. le comte de Lynch mirent le comble à l'ivresse commune. On se félicite, on s'embrasse, on pleure de joie. La foule se presse autour de ce bon prince; chacun veut le voir et le revoir encore; chacun veut l'entendre, veut toucher ses vêtements, veut le rendre témoin des sentiments qui l'animent: c'est une félicité qui tient du délire. Le prince objet de tant de bénédictions pouvait à peine contenir son émotion. Il promit à tous oubli du passé, bonheur pour l'avenir; paroles pleines de bonté, et dont la constante application depuis 1814 fait le plus bel éloge de la légitimité.

Au milieu d'une multitude qui s'accroît à chaque instant, le cortége se dirige lentement vers l'église cathédrale, où le digne fils de St-Louis vint offrir ses royales joies au même Dieu que son cœur, soumis et résigné, n'avait cessé de glorifier dans les temps des plus douloureuses épreuves. Le peuple entre avec lui dans le temple, et fait retentir les voûtes saintes d'actions de grâces et de cris de *vive le Roi!* Les mêmes démonstrations d'amour, les mêmes transports, la même allégresse, accompagnèrent

S. A. R. de l'église à l'hôtel de ville et ensuite au palais ou château royal.

Je ne m'étendrai pas davantage sur les différentes circonstances qui ont accompagné ou suivi cette grande journée : les écrits du temps les ont assez fait connaître ; et, en les rapportant ici de nouveau, je craindrais d'en affaiblir gratuitement le mérite, sans rien pouvoir ajouter à ce qui a déja été dit.

Les services de mon père, dont j'ai négligé beaucoup de détails, en me laissant entraîner par l'intérêt des événements, ne se terminèrent pas avec la journée du 12 mars. Dès le 15, il prit congé de Monseigneur le duc d'Angoulême, qui le reçut avec une extrême bienveillance, et partit immédiatement pour rejoindre le gros de l'armée de Wellington, emportant avec lui toutes les proclamations qui avaient paru à Bordeaux. Après avoir fait connaître dans le pays occupé l'heureuse révolution où il venait d'être acteur et témoin, il se rendit à Tarbes, afin d'y faire imprimer ces proclamations ; ce qui nécessita un assez long séjour, qu'il employa à correspondre avec les royalistes de Béarn et à visiter ceux de Bigorre. Le travail de l'imprimeur étant terminé, il se dirigea vers la Haute-Garonne, en traversant le département du Gers, dans lequel il répandit plusieurs proclamations, et arriva, du

4.

3 au 4 avril, à Léguevin, ville à trois lieues de Toulouse.

M. le comte de Raymond, ancien émigré et royaliste d'un dévouement à toute épreuve, était alors maire de cette petite ville. M. Mailhos-Miras lui apprit le beau mouvement de Bordeaux et les démarches qui avaient été antérieurement faites pour appeler le prince dans le midi de la France. Ce récit donna, s'il est possible, un nouvel essor au zèle naturellement actif de M. de Raymond : dès cet instant, méprisant tous les dangers, ce digne serviteur du Roi n'agit plus, ne forma plus de vœux que pour les Bourbons ; et sa sagesse, comme fonctionnaire public, la droiture de son caractère, et l'estime méritée dont il jouissait, exercèrent sur ses administrés une telle influence, que bientôt toute la ville pensa comme son maire.

Les armées étaient en présence devant Toulouse, et préparaient par diverses dispositions militaires la sanglante et inutile bataille du 10 avril. Mon père voulait pénétrer dans cette ville, pour y répandre les proclamations que dans ce dessein il avait fait imprimer à Tarbes. M. de Raymond s'empressa de lui en offrir les moyens ; il chargea une paysanne attachée à son service d'apporter à madame la comtesse de Raymond, alors à Toulouse, un certain nombre de ces proclamations ; ce qu'elle fit, en les cachant sous ses vêtements. Mon père fut également adressé à cette dame, qui, avec mesdames d'Argicourt, d'Aspe et plusieurs autres, était l'ame du parti royaliste.

Ainsi que je l'ai dit ailleurs, à Toulouse comme dans la Gironde les esprits étaient préparés de longue main à seconder le retour de nos princes légitimes, et le royalisme presque unanime des habitants favorisait merveilleusement les opérations du comité dirigeant dont cette ville était le siége. On y connaissait déja l'arrivée de Monseigneur le duc d'Angoulême à Bordeaux. Mais, outre que cette nouvelle n'était pas assez généralement répandue, on y manquait de renseignements officiels sur ce grand événement. Aussi les proclamations introduites par mon père y produisirent les plus heureux effets, en faisant disparaître les doutes et les incertitudes inséparables de ces moments d'agitation. La courageuse madame de Raymond en fit la distribution avec un admirable zèle. Elle donna dans ces difficiles circonstances des preuves nouvelles et nombreuses de ce généreux dévouement qu'elle avait si souvent montré aux époques les plus terribles de la révolution, et qu'expliquent si bien, surtout chez une femme, les sentiments d'humanité et la solidité des principes religieux.

Madame la comtesse de Raymond voulut bien encore présenter mon père à plusieurs des chefs royalistes, et notamment à M. Ferdinand de Berthier, dont la famille rappelle douloureusement à l'esprit deux des premières victimes que dévora la révolution. Il payait alors son tribut de fidélité aux Bourbons, comme il appuie aujourd'hui de l'autorité de ses talents et de son noble caractère les doctrines de la légitimité.

M. Mailhos-Miras eut occasion de s'assurer, dans les entretiens qu'il eut, pendant son séjour, avec les royalistes, de l'exactitude des renseignements qu'il avait consignés dans son Mémoire adressé à Hartwel, et qu'il avait fait connaître, dans le plus grand détail, au lord Wellington. Toutefois il s'empressa de repasser les lignes, échappant avec une extrême difficulté à la surveillance des autorités civiles et militaires, pour remettre de nouveau ces renseignements sous les yeux du général anglais, comme venant de les puiser sur les lieux même. Cette démarche eut pour résultat d'affermir le général dans la résolution d'épargner la ville de Toulouse, et de se conformer ainsi au vœu qu'en avait si souvent exprimé Monseigneur le duc d'Angoulême.

Enfin, la malheureuse journée du 10 avril ouvre les portes de cette ville au général Wellington, à travers 18,000 morts ou blessés. Le maréchal Soult, à la grande satisfaction des habitants, profita de la nuit pour effectuer sa retraite sur le bas Languedoc, par la route de Castelnaudary. Dans la même nuit, un ardent ami des Bourbons, M. d'Arbou-Castillon, fit afficher en plusieurs endroits la proclamation adressée aux Bordelais par Monseigneur le duc d'Angoulême, l'une de celles que mon père avait apportées à Toulouse. Dès le 11, au point du jour, les royalistes, avertis d'avance du départ de l'armée française, se réunissent sur la place Royale, tandis que le peuple, se répandant peu à peu dans les rues, qu'il trouve solitaires, oublie ses terreurs et se livre à l'espoir d'un plus heureux avenir. Affranchi du fracas militaire et du despotisme impérial qui pesait sur lui, il donne un libre cours aux sentiments qui l'animent en faveur de la bonne cause. Toutes les bouches appellent à grands cris le règne de la légitimité, comme tous les cœurs volent déja vers Monseigneur le duc d'Angoulême. Bientôt la cocarde blanche est arborée aux cris de *vive le Roi!* par les royalistes assemblés. La foule accueille et répète ces cris avec enthousiasme, et la garde urbaine elle-même, entraînée par ses officiers, partage ou favorise le noble élan dont elle est témoin. En un moment le buste et l'effigie de Napoléon sont précipités du haut du Capitole. C'en est fait de son règne, les Toulousains ne reconnaissent plus d'autre souverain que Louis XVIII. Les dames les plus distinguées de la ville, parmi lesquelles figurent au premier rang madame la comtesse de Raymond, qu'on était sûr de trouver partout où elle pouvait rendre un service au Roi; madame d'Argicourt, qui se recommande si bien à la reconnaissance des royalistes par sa belle conduite à cette époque; mesdames d'Alezan, d'Aspe, de Cantalauze et autres, ne craignent point de se mêler dans la foule et de distribuer de leurs mains un grand nombre de cocardes blanches qu'elles avaient préparées la veille au milieu du tumulte des armes. Dans ces entrefaites, le conseil municipal, qui s'était assemblé, ne balança pas de se rendre aux désirs du peuple en se prononçant pour le Roi.

Aussitôt M. d'Arbou-Castillon est envoyé au quartier-général anglais, afin de faire connaître à lord Wellington le mouvement royaliste des Toulousains. Ce général, dont le trait de caractère dominant est une extrême circonspection, fut alarmé d'apprendre que Toulouse s'était déclarée pour Louis XVIII, ignorant entièrement ce qui s'était passé à Paris. Il répondit en ces termes à M. D'Arbou-Castillon : « Vous avez

« agi avec bien de la précipitation. Ignorez-vous « qu'on traite à Châtillon avec Buonaparte? S'il « obtient la paix, que deviendrez-vous?»

Non content de cette réponse, il se rendit immédiatement au Capitole, au milieu d'une foule immense, qui ne cessa de faire entendre les cris de *vive le Roi! vive Wellington!* Là, voulant modérer l'énergie de l'opinion publique, dont il ne pouvait plus douter, il déclare de nouveau et hautement qu'on négociait encore à Châtillon avec Buonaparte, et il insinue à la multitude que peut-être le temps n'était pas venu de se montrer aussi ouvertement. Ses paroles furent suivies d'un morne silence, que justifiait assez l'imminence des circonstances. Mais il ne dura qu'un léger instant; l'amour du Roi l'emporta sur toutes les considérations de prudence : les acclamations recommencèrent de toutes parts avec plus de force que jamais, et l'on ne fut plus occupé qu'à se décorer des couleurs royales, et à remplacer par les fleurs de lis les insignes abattus du despotisme.

L'excellente ville de Toulouse n'eut pas à se repentir de son noble dévouement. A cinq heures du soir, des dépêches venues de Paris annoncèrent la déchéance de Buonaparte et le prochain retour de Louis XVIII, appelé au trône de France.

A cette grande nouvelle, les transports d'allégresse devinrent universels, et acquirent, s'il est possible, un nouveau degré d'exaltation. Tout ce qui avait une voix, les Toulousains comme les Anglais répétèrent long-temps les mêmes cris d'amour pour l'auguste famille qui nous gouverne. Wellington lui-même, partageant la joie commune, et témoin des scènes qui avaient rempli la journée, ne put s'empêcher de dire, dans un moment d'abandon : « Je « ne donnerai pas pour beaucoup la manière « glorieuse dont s'est déclarée la ville de Tou- « louse avant de connaître les événements de « Paris » : il aurait pu ajouter, « et sans avoir reçu d'autre impulsion que de son courage et de sa fidélité au Roi. »

Cette ville reçut, quelques jours plus tard, la plus précieuse récompense qu'elle pût espérer de son admirable conduite : le prince qu'idolâtrait Bordeaux voulut bien, par sa présence, mettre le comble au bonheur dont elle jouissait.

Ce fut le 27 avril que Monseigneur le duc d'Angoulême fit son entrée dans la capitale du Languedoc par la route d'Auch. A partir de Léguevin, où M. le comte de Raymond eut le soin de faire élever un arc de triomphe, S. A. R. fut accueillie par les bénédictions et les cris de joie d'une multitude innombrable d'habitants des campagnes, qui, dans un espace d'environ trois lieues, formaient une haie sur son passage. Un spectacle plus imposant encore attendait le cortége à l'entrée de Toulouse. Plus de 50,000 âmes saluent le prince d'acclamations unanimes de *vive le Roi! vive le duc d'Angoulême! vivent les Bourbons!* Cette foule immense, avide de le contempler, se précipite sur ses pas et l'emporte pour ainsi dire dans ses bras, au milieu des drapeaux et des emblêmes dont la ville était entièrement pavoisée. Il est impossible de peindre, dans cette fête de famille, l'enthousiasme et l'ivresse qui s'étaient emparés de tous les cœurs, et qui se manifestaient avec tant de franchise et de tant de manières différentes. Par un raffinement de sensibilité propre à la nation française, on se plaisait à comparer les malheurs passés de la famille royale à l'heureux avenir qui s'ouvrait devant elle, et cet ingénieux rapprochement mêlait de délicieuses larmes aux transports d'une joie délirante.

Auguste prince! aux expressions de votre reconnaissance pour les Toulousains, il fut aisé d'apercevoir que Bordeaux n'avait pas épuisé toutes les émotions de plaisir que fait éprouver le bonheur d'être aimé. Aussi votre séjour au milieu d'eux vivra éternellement dans leur souvenir.

Ici se terminent les détails relatifs aux services de mon père. On voit qu'ils embrassent une grande partie de sa vie, puisqu'ils remontent à 1793. Parmi ces services, les plus importants sont incontestablement ceux qui se rattachent à la restauration; et, par exemple, sans le rapport qu'il fit à Louis XVIII, sans les notes favorables qu'à sa sollicitation Wellington adressa au gouvernement anglais, il est très-vraisemblable que le départ des princes pour la France fût encore resté long-temps incertain. La cour d'Hartwel était à cet égard dans la plus pénible indécision, grace à la politique de l'Europe. Si l'on considère, d'un autre côté, que les Bordelais ne promettaient un mouvement en faveur de la cause royale qu'autant qu'un prince français se rendrait au milieu d'eux, il sera facile d'apprécier toute l'utilité et tout l'à-propos des premières démarches qui eurent lieu pour satisfaire à leurs vœux. Ces démarches furent-elles efficaces? voici ce qu'en pensait lord Wellington; je cite ses propres paroles: « L'importance de vos services est telle, dit-il à mon « père, que si vous les aviez rendus à mon gouver- « nement, une récompense honorable vous serait « accordée, ainsi qu'un rang distingué dans l'état. »

A Dieu ne plaise que j'élève jamais de pareilles prétentions; mais l'opinion de ce célèbre général, qui a vu les choses par lui-même, m'a paru d'un trop grand poids pour la négliger. Si j'osais me prévaloir d'un témoignage auguste, j'ajouterais que Monseigneur le duc d'Angoulême voulut bien déclarer plusieurs fois, partout où l'occasion s'en présenta, et dans les termes les plus significatifs, que son arrivée en France à une époque opportune était due principalement aux efforts de mon père. S. A. R., lors de son séjour à Toulouse, daigna répéter à peu près les mêmes expressions à M. le duc de Polignac, arrivant de Paris avec un message de S. A. R. Monsieur comte d'Artois. Comment ce fait a-t-il été omis dans les divers Mémoires qui ont paru? c'est ce que je ne chercherai pas à expliquer. Il importe peu d'ailleurs pour la vérité qu'il n'ait point obtenu les honneurs d'une officieuse publicité, puisque les circonstances que j'ai rapportées en démontrent surabondâmment la certitude.

Examinons maintenant, mais avec rapidité, quel fut le degré d'influence qu'exercèrent sur les affaires de l'Europe la glorieuse journée du 12 mars et le royalisme du midi.

C'est un fait généralement reconnu, que les puissances alliées, tremblantes devant le colosse qu'elles vinrent abattre, ne pensèrent d'abord qu'à se préserver de leur propre ruine. Qu'on lise avec attention les premiers actes politiques de l'époque, on n'y découvrira pas même une arrière-pensée en faveur de la légitimité. Des intérêts purement matériels y occupent seuls les cabinets européens.

A peine le désastre de Moskou et les rigueurs de l'hiver eurent anéanti notre belle armée française, que la Russie et la Prusse se coalisèrent dans l'unique but de repousser l'ennemi commun. Quelques mois plus tard, l'Autriche se ligue avec elles, et le triumvirat du Nord se contente de décider, dans le congrès de Prague, que l'Allemagne restera indépendante, et que Napoléon conservera la possession de l'empire français, borné au Rhin et aux Alpes. La triple alliance est signée à Tœplitz le 9 septembre 1813. A son tour, la Grande-Bretagne s'unit à l'Autriche par un traité particulier, « à l'effet d'établir, est-il dit vaguement, un juste équilibre « entre les puissances. » Jamais, jamais il n'est question des intérêts des Bourbons. La déclaration de Francfort, au moment où Napoléon est refoulé sur le Rhin, ne s'explique pas davantage sur ce point. Elle porte, entre autres choses, « que le premier usage que les souve- « rains ont fait de la victoire, a été d'offrir la « paix à l'empereur des Français... », que les conditions de cette paix, auxquelles rien n'était changé, sont fondées sur l'indépendance de l'empire français comme sur l'indépendance des autres états de l'Europe, etc., etc.

Enfin, le 5 février 1814, s'ouvre le fameux congrès de Châtillon : les négociations qui de part et d'autre y furent suivies avec une extrême défiance, n'eurent pour résultat que de mettre dans un plus grand jour l'orgueilleuse obstination de Buonaparte, et de démontrer l'impossibilité de le réduire à la paix. En vain lui demandait-on seulement d'abandonner les provinces conquises, de livrer les places fortes qu'il y occupait; en vain l'Autriche le pressait d'accepter l'ancienne France augmentée de quelques départements !... Que pouvaient la tendre sollicitude de l'Autriche, les intentions pacifiques des puissances, et les revers même de la fortune, contre les folles illusions de celui qui avait dominé l'Europe ? Il refusa fièrement la paix, et se jeta ainsi lui-même au-devant de sa destinée.

Ce refus avait été sagement prévu dans le traité conclu à Chaumont, entre l'Autriche, la Grande-Bretagne, la Russie et la Prusse; mais alors, comme précédemment, aucune des grandes puissances n'avait sérieusement songé à la restauration du trône de Saint Louis. Je me trompe; la seule Angleterre (et ceci est digne de remarque) éleva la voix dans l'intérêt de l'antique dynastie. Lord Castelreagh, son ministre des affaires étrangères, insinua, dès l'ouverture du congrès, que l'unique moyen d'éteindre la révolution et d'arriver à une paix durable était de rétablir, avec l'ancienne famille des Bourbons, les anciennes limites de la France.

La Grande-Bretagne oublia-t-elle en cette occasion les principes de son droit public et voulut-elle à tout prix et sans consulter l'opinion de la France protéger le retour de nos princes légitimes? Non, ce serait une grave erreur de le croire : les instructions données à lord Wellington concernant la conduite qu'il aurait à tenir pendant l'invasion, ne laissaient aucun doute à ce sujet. Je n'ai point la mission, dit-il à M. Mailhos-Miras à St-Jean-de-Luz, de soutenir de préférence tel ou tel parti : l'Angleterre et ses alliés ne veulent que combattre Napoléon; ils n'exigent rien de la nation française; et ils accorderont, au contraire, leur appui au gouvernement, quel qu'il soit, qu'elle jugera à propos de choisir. Mon père lui ayant représenté que ce choix était fait, que les Français n'attendaient leur salut que de Louis XVIII, il se contenta d'ajouter qu'en pareil cas aussi l'Europe obéirait au vœu national, librement exprimé, et que l'Angleterre, en particulier, verrait avec plaisir le rétablissement des Bourbons.

Si donc cette puissance crut devoir prendre l'initiative au congrès de Châtillon, il ne faut pas en chercher la cause dans une politique arrêtée d'avance, mais uniquement dans la connaissance qu'elle acquit de notre situation intérieure, et principalement des dispositions royalistes de nos provinces méridionales. Depuis long-temps, en effet, les Bordelais entretenaient avec le ministère anglais, par l'intermédiaire de M. le comte de La Châtre, des relations suivies concernant les progrès et les ressources de la cause royale. Et bien que le cabinet de St-James accueillît avec prévention les nombreux rapports qui lui étaient adressés, il ne put cependant s'empêcher d'y reconnaître l'existence d'un parti dévoué à l'ancienne famille de France. Bientôt les renseignements venus de St-Jean-de-Luz, par les soins de mon père et les notes confirmatives de lord Wellington à son gouvernement, opérèrent sur les esprits, à Hartwel et à Londres, une conviction inattendue. Soit bonheur, soit combinaison de circonstances, on ne douta pas de la sincérité d'un homme qui agissait en-dehors de tout esprit d'association, et qui se montrait personnellement si désintéressé, qu'on ne pouvait s'expliquer la hardiesse de sa démarche qu'en le supposant animé du seul désir de voir triompher la justice et de servir utilement son pays.

La cour de Hartwel, s'appuyant avec avantage de la demande qu'il avait faite au nom des amis du Roi, et des détails contenus dans son Mémoire, sollicita instamment et obtint l'autorisation nécessaire pour le départ des princes, qui eut lieu, comme on l'a vu, au mois de janvier (1). Ce départ secrètement favorisé, dans le but de répondre aux espérances de la France, lia dès-lors, du moins indirectement, le cabinet de St-James à la cause royale.

Dans ces entrefaites, le congrès de Châtillon s'ouvre. Lord Castelreagh, ministre dirigeant de la Grande-Bretagne, s'y présente, et les faits qui précèdent expliquent, sans qu'il soit besoin de les rattacher à des vues antérieures, le langage qu'il fit entendre et les instructions dont il était porteur. Et pour peu qu'on veuille se rappeler que l'Angleterre était le mobile de la coalition européenne, on concevra sans peine par quelle force de choses les services de

(1) L'époque du départ des princes mérite d'être remarquée : il est certain que ce départ, différé jusqu'au mois de février, par exemple, fût devenu tout-à-fait problématique; le cabinet de St-James ne l'eût point favorisé, tandis que les trois puissances du nord, en pleine retraite, par suite des combats de Montmirail, de Vauchamp et de Montereau, se montraient plus que jamais disposées à conclure la paix avec Napoléon.

M. Mailhos-Miras acquirent assez d'importance pour justifier en quelque sorte l'opinion flatteuse que lui en exprima lord Wellington, ainsi que les bienveillants souvenirs que daigne en conserver un prince auguste.

Toutefois, l'avenir de la légitimité, malgré le grand pas qu'elle avait fait, n'était rien moins qu'assuré. L'avis que venait d'émettre lord Castlereagh, comme par voie d'insinuation, ne pouvait exercer assez d'influence pour changer tout-à-coup la politique de l'Europe. Aucun des traités d'alliance ne repoussait d'ailleurs l'existence du belliqueux empire restreint à de justes limites. La chute de Napoléon n'était pas encore résolue dans le conseil des Rois; il imposait à ses ennemis par une résistance opiniâtre et par sa réputation de popularité que les journaux salariés avaient généralement accréditée. Tout en voulant l'abaisser, on négociait avec lui, parce qu'il se faisait craindre jusque dans ses revers. En un mot, tous les efforts tendaient à conquérir la paix pour la paix même, et non pour rassembler les débris des dynasties renversées.

Cependant à la voix du ministre anglais, l'Europe porta ses regards distraits sur la terre d'exil qu'habitaient nos princes: ce fut beaucoup sans doute; mais ce premier mouvement d'intérêt accordé à la puissance des anciens souvenirs ne dérangea en rien la marche des négociations entamées.

Qui les rompit sans ménagement, qui lassa tant de longanimité ? Ce fut celui-là même qui avait le plus d'intérêt à les voir réussir. Buonaparte s'irrite des propositions de paix qui lui sont faites ; au moment où cet impérieux soldat, rendu à son fol orgueil par les succès du mois de février, rêvait peut-être de nouveau la conquête du monde, il repousse dédaigneusement ces propositions qui l'humilient : « C'est trop exiger, s'écrie-t-il ; les alliés oublient que je suis plus près de Munich qu'ils ne le sont de Paris. » Par ses ordres, un contre-projet, plein de prétentions démesurées, est présenté à la coalition, qui à son tour le rejette, en déclarant enfin que l'ambition de cet homme est incompatible avec le repos de l'Europe. De cet instant, une irrésistible fatalité l'entraîne à sa perte. Les desseins de la Providence se manifestent évidemment contre lui, sans que néanmoins il soit possible d'y découvrir les nouvelles destinées réservées aux Bourbons. Ils ne reçoivent aucune protection ostensible, et leurs droits ne sont reconnus qu'en théorie par la politique des cabinets. Alexandre prenant au mot la révolution, et conseillé par des inspirations peut-être plus généreuses que sages, invitait la France à se constituer elle-même, à choisir son gouvernement, auquel il promettait d'avance l'appui de ses armes, comme si des institutions durables pouvaient jaillir spontanément du sein des émotions populaires. La Prusse cédait à l'impulsion de la Russie; et, d'un autre côté, l'Autriche, que l'entraînement des événements avait placée dans l'alternative de détrôner sa fille et son gendre ou d'abandonner les grands intérêts qu'elle défendait, exigeait de leur part une extrême déférence, et faisait même pencher la balance en faveur de la régente et de son fils. Disons-le franchement, l'embarras des positions se joignait à la confusion des idées, pour frapper d'incertitude toutes les opérations de la campogne. Chose étrange ! les hautes puissances marchaient à la restauration du trône de Saint-Louis le bandeau sur les yeux, et traînant péniblement après elles les principes de la souveraineté du peuple, tandis que le héros de la révolution se sentant déraciné par la force morale des droits de la légitimité, frémissait de rage au seul nom des Bourbons, et envoyait sans pitié à la mort leurs zélés partisans. Mânes du vertueux Gouault, j'en appelle à vous de la vérité de ce que j'avance !

Bientôt la fortune se déclare, les chances de la guerre ne laissent à Buonaparte que la ressource du désespoir : le mois de mars voit s'ouvrir l'abîme qui va l'engloutir. Bordeaux reçoit avec ivresse un prince français, et s'élance la première dans les voies de la restauration. Les cris de *vive le Roi!* qu'elle fait entendre révèlent à l'Europe l'existence d'une vaste confédération en faveur de la royauté. Ces cris retentissent dans toute la France; la régence en est épouvantée; Paris fermente. Un homme d'état d'une sagacité remarquable entreprend d'éclairer la politique étrangère sur les véritables besoins de sa patrie, qui réclamait les Bourbons. Le prince de Talleyrand, avec ses adhérents, se rallie à l'opinion royaliste, dont il dirige les mouvements vers le but qu'il désire atteindre. A l'aide de ce puissant auxiliaire, la bonne cause commençait à se faire jour à travers les passions du moment, lorsque les alliés se présentèrent aux portes de Paris.

Instruits du noble élan de Bordeaux et de la grande sensation qu'il avait produite, l'empereur de Russie et le roi de Prusse s'étaient rapprochés de plus en plus de l'opinion de l'Angleterre, qui proposait comme unique moyen d'assurer la paix générale le rétablissement du trône de France. Quant à l'Autriche, elle ne pouvait que se prêter avec tiédeur, sinon avec répugnance, à des vues si contraires aux intérêts de sa fille.

Les deux souverains font leur entrée dans la capitale aux acclamations du peuple, qu'on entend de toutes parts demander à grands cris son roi légitime. L'enthousiasme qui éclate en leur présence ne laisse aucun doute sur le vœu national : mais de grands obstacles restent encore à vaincre. Ces monarques, fidèles à la politique réservée qu'ils avaient adoptée, répondent par ces timides paroles aux démonstrations d'amour dont ils sont témoins : « Français, nous ne prétendons point influencer vos décisions; déclarez-vous d'une manière positive et légale et nous vous répondrons du reste. »

Lorsque, dans une proclamation, les alliés déclarent qu'ils ne traiteront plus avec Napoléon ni avec aucun membre de sa famille, ils s'engagent à reconnaître et à garantir « la constitution que la nation française se donnera », et ils invitent, en conséquence, le sénat à nommer un gouvernement provisoire pour préparer la constitution *qui conviendra au peuple*. Ainsi les intentions des souverains ne sont point équivoques; tous droits légitimes à part, ils demandent au peuple un acte de sa volonté souveraine, pour en faire dépendre leur détermination définitive. Quels seront les vrais organes du vœu national? peu importe?

Le sénat répond à l'appel qui lui est fait : il

nomme un gouvernement provisoire composé de cinq membres, sous la présidence du prince de Talleyrand. Il fait plus, le 2 avril il prononça la déchéance de Napoléon, mais sans s'expliquer en aucune manière à l'égard des Bourbons. Les puissances prendront-elles enfin l'initiative sur ce dernier point ? Les faits sont là pour répondre.

Pendant que les esprits s'agitent en tous sens dans la capitale, Buonaparte, anéanti par le sentiment de sa faiblesse, reste immobile à Fontainebleau, n'osant lutter ni contre le royalisme du midi, ni contre les forces qui lui sont opposées. Plus de projets hardis, plus d'audace, pas même celle du désespoir!... Celui qui fit trembler le monde n'aspire qu'à vivre, il ne sait point mourir!... Descendu timidement de l'empire, il voudrait du moins y porter son fils : ses négociateurs, appuyés cette fois de toute l'influence de l'Autriche, se présentent devant Alexandre, qui ne paraît point éloigné de céder au désir de son alliée. Le gouvernement provisoire, que secondent les royalistes, lutte avec persévérance contre ce nouvel obstacle. Non-seulement il s'appuie habilement des plus hautes considérations politiques, mais encore il représente, et c'était l'argument décisif, que le vœu national, si souvent interrogé par les alliés, repoussait Buonaparte et sa race, et se manifestait ouvertement en faveur des Bourbons.

Mais nonobstant ces efforts, Alexandre hésite. A la grande sollicitude des amis du Roi, les droits de la légitimité et les intérêts de l'usurpation sont froidement pesés dans la même balance. Ce n'est qu'après quinze heures de délibérations que l'empereur de toutes les Russies proclame enfin le triomphe de la cause royale.

Ne semble-t-il pas que, dans ces graves circonstances, la France royaliste, à force de dévouement, et les grandes puissances de l'Europe, à force d'optimisme politique, ou, si l'on veut, de respect pour la volonté du peuple, eussent pris à tâche de réfuter d'avance, et sans réplique, ces honteuses insinuations de l'esprit de parti, que les Bourbons nous furent imposés par l'influence des baïonnettes, et cette phrase imprudente échappée du haut de la tribune, que la nation vit *avec répugnance* le retour de l'auguste auteur de la Charte. De telles pensées révoltent notre orgueil : elles n'ont rien de Français.

Non, l'étranger n'a point fait violence à l'opinion nationale; il ne l'eût point osé, ou il ne l'eût pas fait impunément : la France indignée se fût levée tout entière pour lui apprendre ce que pouvait un peuple guerrier poussé au désespoir, et fier, dans ses malheurs, de son ancienne gloire et de ses trente ans de victoires.

Disons plutôt, d'accord avec les faits qui précèdent, que si cette France, gratuitement calomniée, n'avait pas fait éclater son amour pour le roi légitime, l'insouciance systématique des cabinets européens n'aurait jamais opéré le miracle de la restauration. Et par exemple, il n'est que trop vrai, selon moi, que sans le dévouement du midi, sans le cri du 12 mars, répété comme par enchantement dans la capitale (1), la bonne cause restait soumise aux chances les plus hasardeuses. N'est-il pas en effet extrêmement probable que Buonaparte, plus rassuré sur les dispositions des provinces méridionales, ne se serait point livré comme un enfant à la merci de ses adversaires? Profitant, au contraire, de leur incroyable hésitation, et de l'intérêt que la régence inspirait à l'Autriche, ne se fût-il pas efforcé d'opérer sa réunion avec le prince Eugène, comme il en avait la pensée, ou peut-être de rallier à lui les corps d'armée des maréchaux Soult et Suchet, afin de traîner la guerre en

(1) Un courrier adressé à Buonaparte par le ministre de la guerre, et intercepté le 22 mars par des Cosaques, apprit aux alliés le mouvement de Bordeaux, le découragement de la régence et les dispositions royalistes de Paris.

longueur dans les montagnes d'Auvergne, et d'obtenir ainsi des conditions plus favorables qu'une abdication absolue, un morceau de pain et un désert. D'un autre côté, il eût été facile à la régence de faire valoir sa popularité, en interprétant en sa faveur le silence du peuple; et à l'aide d'une armée encore imposante, elle aurait, sans nul doute, plaidé sa cause auprès d'Alexandre avec une grande apparence de succès.

Si à ce concours de circonstances qui pouvait très-raisonnablement se présenter, on ajoute le vœu des soldats, les intérêts des généraux et le bruit des journaux à gages, l'on sera forcé d'avouer que la coalition, déja si incertaine et si embarrassée de son séjour en France, ne se serait que bien difficilement décidée à repousser des prétentions aussi évidemment favorisées par un tel état de choses; elle qui, jusqu'au dernier moment, avait montré tant de propension à traiter de la paix avec le gouvernement impérial.

Heureusement le royalisme bien connu du midi et le mouvement de Bordeaux, qui d'abord avaient appelé l'attention de l'Europe sur les Bourbons, vinrent paralyser l'énergie de Napoléon et de la régence, et détruire les dernières espérances de l'usurpation : la capitale fit le reste. Le sénat et le gouvernement provisoire qui, sans mission légale et isolés du vœu national, n'eussent paru que d'inutiles débris du gouvernement de fait, eurent le bonheur et la gloire, comme organes du peuple, et au cri français de *vive le Roi!* d'assurer le nouveau règne de la légitimité. L'Europe elle-même se plut à reconnaître ses droits, et le trône des lis s'éleva dans tout son éclat sur les ruines de l'ambitieux empire.

Voilà comment le dévouement de Bordeaux, en coopérant au grand œuvre de notre régénération politique, occupe le plus haut degré d'importance dans les événements de 1814. Et s'il est vrai que le généreux élan du 12 mars fut dû à la présence de Monseigneur le duc d'Angoulême, qu'il me soit permis de dire en finissant, que le royaliste qui provoqua efficacement le retour de ce petit-fils d'Henri IV sur le sol natal, ne rendit pas d'inutiles services à son roi et à son pays.

FIN.

www.ingramcontent.com/pod-product-compliance
Lightning Source LLC
LaVergne TN
LVHW020431230826
846091LV00004B/1449

* 9 7 8 2 0 1 1 7 5 1 0 4 1 *